LES ORQUES

Livre de Coloriage Éducatif

Documentaire & Illustrations

COLOR DOC collection

© Color Doc Collection. Tous droits réservés. Aucune partie de ce livre ne peut être reproduite, distribuée ou transmise dans quelque format ou par quelque moyen que ce soit, qu'il s'agisse de photocopie, d'enregistrement ou d'autres méthodes électroniques ou mécaniques sans la permission écrite préalable de l'éditeur, à l'exception de brèves citations dans le cadre d'une revue critique et de certains autres usages non-commerciaux autorisés sur la loi sur les droits d'auteur.

Dans la même collection :

Écrivez-nous à

colordoccollection@gmail.com

en intitulant votre mail « **orque** »

et recevez des

suppléments gratuits !

Nous serions ravis de lire votre commentaire !

Ce livre appartient à :

_____

L'orque a un dos noir avec une marque grise, un ventre blanc et une tâche blanche près de l'oeil.

Aussi appelée épaulard, l'orque est le plus grand des dauphins et mesure 7 mètres en moyenne.

L'orque mâle est plus grand que l'orque femelle.
Son aileron dorsal est aussi plus haut et pointu.

L'orque est surnommée "baleine tueuse", mais elle n'est pas agressive envers les hommes.

Comme les humains, l'orque a des poumons qu'elle doit remplir d'air à la surface de l'eau !

L'orque dort en restant à moitié éveillée pour respirer, sur un côté et avec un seul oeil fermé.

Les orques vivent dans toutes les mers du monde, mais elles préfèrent les eaux froides.

On peut les rencontrer au Canada, en Alaska, au Groenland, en Norvège, en Argentine...

Il existe 3 types d'orques. Les orques résidentes vivent en famille et nagent près des côtes.

Les orques de haute mer se déplacent en très grands groupes au grand large.

ALASKA

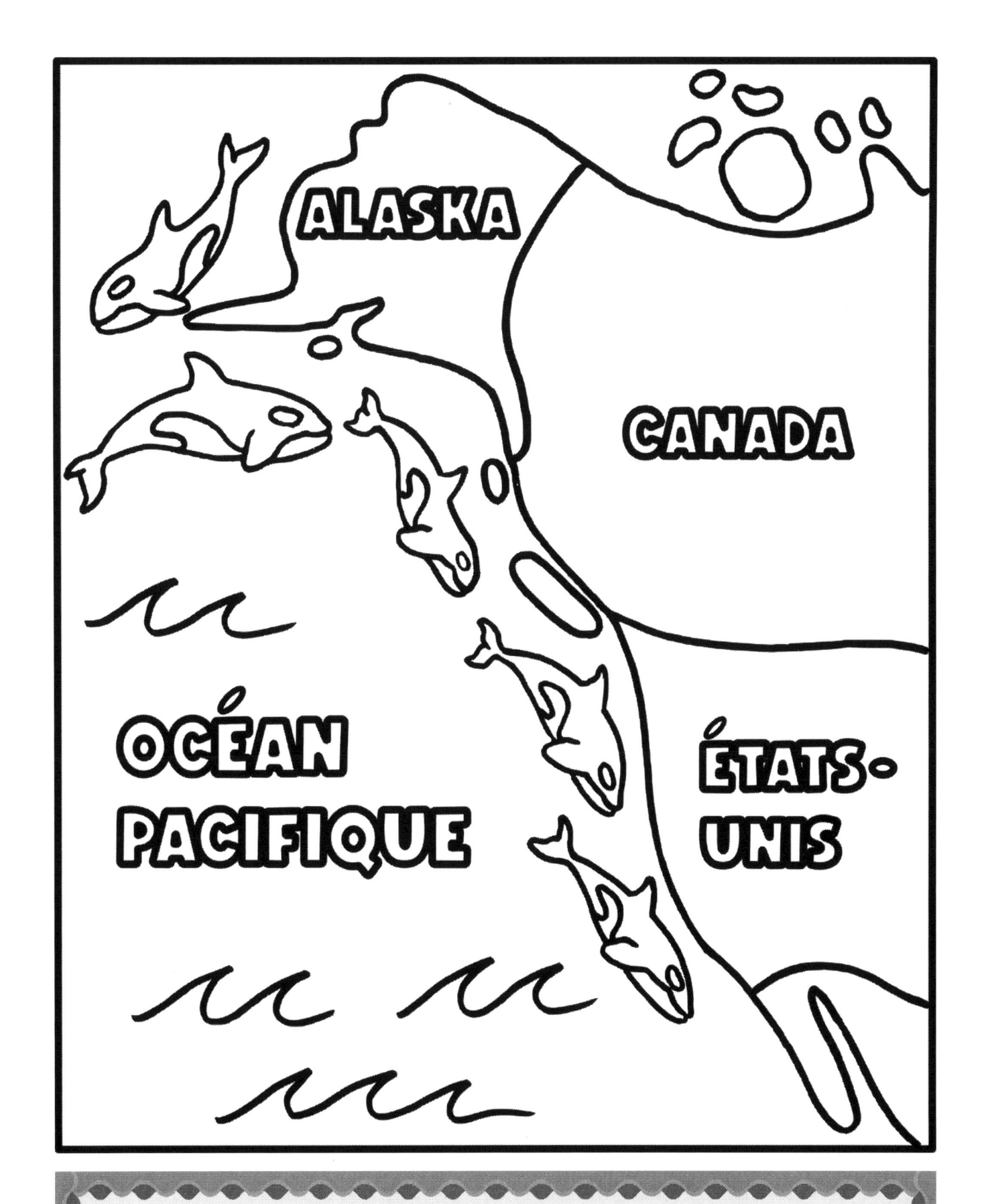

CANADA

OCÉAN PACIFIQUE

ÉTATS-UNIS

Les orques nomades voyagent en petits groupes et parcourent de très longues distances.

Les orques sont capables de sauter jusqu'à 5 mètres hors de l'eau !

Les orques peuvent plonger jusqu'à 260 mètres de profondeur et rester 10 minutes sous l'eau.

Les orques nagent à une vitesse de 15 km/h, mais elles peuvent atteindre 60 km/h !

Les orques sont bavardes et communiquent entre elles par divers sifflements et signaux.

Elles émettent des ondes pour chercher leurs proies et se situer dans leur environnement.

Les orques peuvent se nourrir de poissons, de calamars, de pieuvres, de raies, de tortues…

Les orques chassent à plusieurs en encerclant les poissons pour les regrouper puis les saisir !

Les orques s'échouent volontairement sur la plage pour attraper des lions de mer !

Les orques font de l'espionnage en tenant leur tête hors de l'eau pour localiser leurs proies.

Les orques se jettent partiellement sur la banquise pour capturer leurs cibles les phoques !

Les orques créent des vagues pour faire tomber otaries et pingouins de la banquise !

Les orques chassent aussi les oiseaux de mer.

Les orques s'attaquent même aux baleines et aux autres dauphins !

Les orques aiment jouer avec leur nourriture.

Les orques s'amusent à surfer les vagues et à suivre les bateaux !

Les orques ont des bébés à tout moment de l'année, entre membres de différents groupes.

Le bébé orque naît par la queue. Sa tête sort en dernier. Il ne risque pas de se noyer ainsi.

Le bébé orque se nomme le veau. Il est protégé par sa mère et d'autres femelles de son groupe.

Il est possible d'observer des orques lors d'excursions à bord d'un bateau.

Printed in France by Amazon
Brétigny-sur-Orge, FR